ትምህርት ቤት - colegio 2
ጉዞ - viaje 5
መጓጓዣ - transporte 8
ከተማ - ciudad 10
መልከዓምድር - paisaje 14
ምግብ ቤት - restaurante 17
የሸቀጣ ሸቀጥ መደብር - supermercado 20
መጠጦች - bebidas 22
ምግብ - comida 23
እርሻ - granja 27
ቤት - casa 31
ሳሎን - living 33
ማድቤት - cocina 35
መታጠቢያ ቤት - baño 38
የልጅ ክፍል - cuarto de los chicos 42
አልባሳት - ropa 44
ቢሮ - oficina 49
ኢኮኖሚ - economía 51
የስራ ሙያዎች - ocupaciones 53
መሳሪያዎች - herramientas 56
የሙዚቃ መሳሪያዎች - instrumentos musicales 57
የደር እንስሳት ማቆያ - zoológico 59
የስፖርት አይነቶች - deportes 62
እንቅስቃሴዎች - actividades 63
ቤተሰብ - familia 67
አካል - cuerpo 68
ሆስፒታል - hospital 72
ድንገተኛ - emergencia 76
ምድር - Tierra 77
ሰዓት - reloj 79
ሳምንት - semana 80
ዓመት - año 81
ቅርፆች - formas 83
ቀለማት - colores 84
ተቃራኒዎች - opuestos 85
ቁጥሮች - números 88
ቋንቋዎች - idiomas 90
ማን/ ምን/ እንዴት - quién / qué / cómo 91
የት - dónde 92

Impressum
Verlag: BABADADA GmbH, Nedderfeld 112 , 22529 Hamburg
Geschäftsführer / Verlagsleitung: Harald Hof
Druck: Books on Demand GmbH, In de Tarpen 42, 22848 Norderstedt

Imprint
Publisher: BABADADA GmbH, Nedderfeld 112 , 22529 Hamburg, Germany
Managing Director / Publishing direction: Harald Hof
Print: Books on Demand GmbH, In de Tarpen 42, 22848 Norderstedt

1

ትምህርት ቤት

colegio

መማሪያ ክፍል
aula
ማካፈል
dividir
186/2
ሰሌዳ
pizarrón
የትምህርት ቤት ቅጥር ግቢ
patio de escuela
መምህር
maestro
ወረቀት
papel
escribir
እስክሪብቶ
birome
መፃፊያ ጠረጴዛ
escritorio
ማስመሪያ
regla
መጽሐፍ
libro
ተማሪ
alumno

የጀርባ ቦርሳ

mochila

የእርሳስ መያዣ

caja de lápices

እርሳስ

lápiz

የእርሳስ መቅረጫ

sacapuntas

ላጲስ

goma (de borrar)

የስዕል ደብተር

bloc de dibujo

2

ስዕል

dibujo

የቀለም ብሩሽ

pincel

የቀለም ሳጥን

caja de pinturas

መቀስ

tijera

ማጣበቂያ

pegamento

መልመጃ ደብተር

cuaderno de ejercicios

የቤት ስራ

tarea

ቁጥር

número

መደመር

sumar

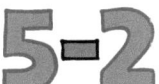

መቀ ስ

restar

ማባዛት

multiplicar

ቁጥሮችን ማስላት

calcular

ደብዳቤ

letra

ፊደላት

abecedario

ቃል

palabra

ፅሑፍ

texto

ማንበብ

leer

ጠመኔ

tiza

ትምህርት

lección

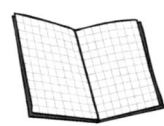

ምዝገባ

cuaderno de clase

ፈተና

examen

ሰርተፊኬት

certificado

የትምህርት ቤት የደንብ ልብስ

uniforme escolar

ትምህርት

educación

አዉደ ጥበብ

enciclopedia

ዩኒቨርስቲ

universidad

የምርምር አጉሊ መሳርያ

microscopio

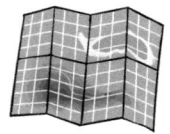

ካርታ

mapa

የቆሻሻ ወረቀት መጣያ ቅርጫት

tacho (de basura)

ሆቴል
hotel
Grand
ማረፊያ ቤት
hostel
ROOMS
EXCHANGE
የዉጭ ገንዘብ ምንዛሪ ቢሮ
casa de cambio
ልብስ መያዣ ሻንጣ
valija
መኪና
auto

ቋንቋ

idioma

አዎ/ አይደለም

sí / no

እሺ

Está bien

ሰላም

hola

አስተርጓሚ

traductor

አመሰግናለሁ

Gracias

ስንት ነዉ.......?

¿cuánto cuesta...?

አልገባኝም

No entiendo

እክል

problema

እንደምን አመሹ!

¡Buenas tardes!

እንደምን አደሩ!

¡Buenos días!

መልካም ምሽት!

¡Buenas noches!

ደህና ይሰንብቱ

adiós

አቅጣጫ

dirección

ሻንጣ

equipaje

ቦርሳ

bolso

የጀርባ ቦርሳ

mochila

እንግዳ

invitado

ክፍል

habitación

የመተኛ ቦርሳ

bolsa de dormir

ድንኳን

carpa

የጎብኚዎች መረጃ

información turística

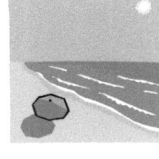

የባህር ዳርቻ

playa

ክሬዲት ካርድ

tarjeta de crédito

ቁርስ

desayuno

ምሳ

almuerzo

እራት

cena

ቲኬት

pasaje

አሳንስር

ascensor

ማህተም

sello

ድንበር

frontera

ባህሎች

aduana

ኤምባሲ

embajada

ቪዛ/የይለፍ ወረቀት

visa

ፓስፖርት

pasaporte

transporte

አዉሮፕላን
avión
መርከብ
barco
የእሳት አደጋ መኪና
autobomba
አዉቶብስ
colectivo
የጭነት መኪና
camión
የሞተር ጀልባ
lancha a motor
መኪና
auto
ብስክሌት
bicicleta

የማመላለሻ ጀልባ

ferry

ጀልባ

bote

የሞተር ብስክሌት

moto

የፖሊስ መኪና

patrullero

የዉድድር መኪና

auto de carreras

የኪራይ መኪና

auto de alquiler

የመኪና መጋራት

alquiler de autos

ጎታች መኪና

grúa

የቆሻሻ ጭነት መኪና

camión de basura

ሞተር

motor

ነዳጅ

nafta

የቤንዚን ማደያ

estación de servicio

የመንገድ ምልክት

señal de tránsito

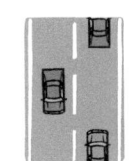

የመኪኖች እንቅስቃሴ

tránsito

የመኪና መጨናነቅ

embotellamiento

የመኪና ማቆሚያ

estacionamiento

የባቡር ጣቢያ

estación de tren

የባቡር ሀዲዶች

vías

ባቡር

tren

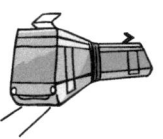

የኤሌክትሪክ ባቡር

tranvía

ሰረገላ

vagón

ሄሊኮፕተር

helicóptero

አየር ማረፊያ

aeropuerto

ማማ

torre

መንገደኛ

pasajero

ማስቀመጫ፤ ማጠራቀሚያ

contenedor

ካርቶን እቃ ማሸጊያ

caja de cartón

ጋሪ፤ ተሳቢ

carretilla

ቅርጫት

canasta

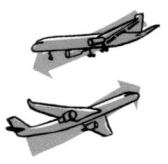

መነሳት/ ማረፍ

despegar / aterrizar

ከተማ

ciudad

መንደር

pueblo

የከተማ ማዕከል

centro de ciudad

ቤት

casa

ሲኒማ
cine
CINEMA
ማስታወቂያ
publicidad
የመንገድ ዳር መብራት
farol
መንገድ
calle
ታክሲ
taxi
የቁርስ መቆያ ሱቅ
kiosco
እግረኛ
peatón
ድንጋይ የተነጠፈበት የእግረኛ መንገድ
vereda
የእግረኛ መሻገሪያ
paso peatonal
የቆሻሻ ማጠራቀሚያ
contenedor de basura
ማቋረጫ
cruce
የትራፊክ መብራቶች
semáforo

ጎጆ

cabaña

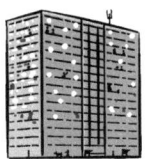

አፓርታማ

departamento

የባቡር ጣቢያ

estación de tren

የከተማ አዳራሽ

municipalidad

ቤተ መዘክር

museo

ትምህርት ቤት

colegio

ዩኒቨርስቲ
universidad

ባንክ
banco

ሆስፒታል
hospital

ሆቴል
hotel

መድሐኒት ቤት
farmacia

ቢሮ
oficina

መፅሐፍ መሸጫ
librería

ሱቅ
negocio

የአበባ መሸጫ
florería

የሸቀጣ ሸቀጥ መደብር
supermercado

ገበያ ስፍራ
mercado

መደብር
grandes tiendas

የዓሳ ነጋዴ
pescadería

የገበያ ማዕከል
centro comercial

ወደብ
puerto

መናፈሻ ቦታ

parque

አግዳሚ ወንበር

banco

ድልድይ

puente

ደረጃዎች

escaleras

ዉስጥ ለዉስጥ

subte

ዋሻ

túnel

የአዉቶቡስ ፌርማታ

parada del colectivo

ባር

bar

ምግብ ቤት

restaurante

የፖስታ ሳጥን

buzón

የመንገድ ምልክት

letrero

የመኪና ማቆሚያ ሒሳብ የሚያሰላ ማሽን

parquímetro

የደር እንስሳት ማቆያ

zoológico

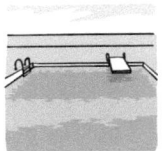

የመዋኛ ገንዳ

pileta

መስጊድ

mezquita

እርሻ

granja

የሚበክል ነገር

contaminación

መቃብር ስፍራ

cementerio

ቤተ ክርስቲያን

iglesia

መጫወቻ ሜዳ

juegos infantiles

ቤተ መቅደስ

templo

መልከዓምድር

paisaje

ቅጠል
hoja

የመንገድ ላይ ምልክት
poste indicador

መንገድ
camino

አረንጓዴ መስክ
pradera

ድንጋይ
piedra

ዛፍ
árbol

በእግሩ የሚጓዝ
excursionista

ወንዝ
río

ሳር
hierba

አበባ
flor

ሸለቆ

valle

ኮረብታ

montaña

ሀይቅ

lago

ጫካ

bosque

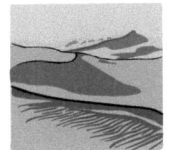

በረሃ

desierto

እሳተ ገሞራ

volcán

ግምብ

castillo

ቀስተ ዳመና

arco iris

እንጉዳይ

champiñón

የቴምብር ዛፍ/ ዘንባባ

palmera

ቢንቢ/ የወባ ትንኝ

mosquito

በራሪ

mosca

ጉንዳን

hormiga

ንብ

abeja

ሸረሪት

araña

ጢንዚዛ

escarabajo

እንቁራሪት

rana

ሽኮኮ

ardilla

ጃርት

erizo

ጥንቸል

liebre

ጉጉት ወፍ

lechuza

ወፍ

pájaro

የዉሃ ዳክዬ

cisne

ከርከሮ

jabalí

አጋዘን

ciervo

አጋዘን

alce

ግድብ

presa

በነፋስ የሚሽከረከር

aerogenerador

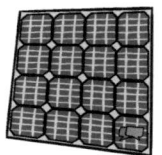

የፀሀይ ፓኔሎ

panel solar

አየር ንብረት

clima

ምግብ ቤት
restaurante

አስተናጋጅ
mozo
ማዉጫ
menú
ወንበር
silla
ሾርባ
sopa
ፒዛ
pizza
መክተፊያ
cubiertos
የጠረጴዛ ጨርቅ
mantel

የምግብ ፍላጎትን የሚከፍት ምግብ
entrada

ዋና ምግብ
plato principal

ማጣጣሚያ ተከታይ ምግብ
postre

መጠጦች
bebidas

ምግብ
comida

ጠርሙስ
botella

ፈጣን ምግብ

comida rápida

የመንገድ ምግብ

comida callejera

የሻይ ማንቆርቆሪያ

tetera

የስኳር እቃ

azucarera

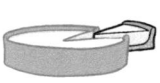

ድርሻ

porción

የቡና ማፊያ ማሽን

cafetera expreso

ባለጌ ወንበር

sillita alta

የክፍያ ደረሰኝ

cuenta

ትሪ

bandeja

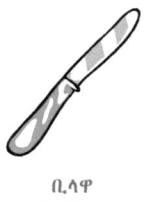

ቢላዋ

cuchillo

ሹካ

tenedor

ማንኪያ

cuchara

የሻይ ማንኪያ

cucharita

ልብስ ምግብ እንዳይነካ የሚረዳ ጨርቅ

servilleta

ብርጭቆ

vaso

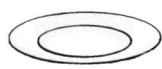

ዝርግ ሰሀን

plato

የሾርባ ጎድጓዳ ሰሀን

plato hondo

የስኒ ማስቀመጫ

plato

ማጣፈጫ ስጎ

salsa

የጨዉ እቃ

salero

የተፈጨ ቃሪያ

molinillo de pimienta

ኮምጣጤ

vinagre

የምግብ ዘይት

aceite

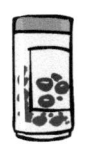

ቀመማ ቅመሞች

especias

የቲማቲም ድልህ

kétchup

ሰናፍጭ

mostaza

ማዮኒዝ

mayonesa

የሸቀጣ ሸቀጥ መደብር

supermercado

ልዩ አቅራቦት
oferta especial
ደምበኛ
cliente
የወተት ተዋፅዖ
lácteos
ፍራፍሬ
fruta
ባለ ጎማ የእጅ ጋሪ
changuito

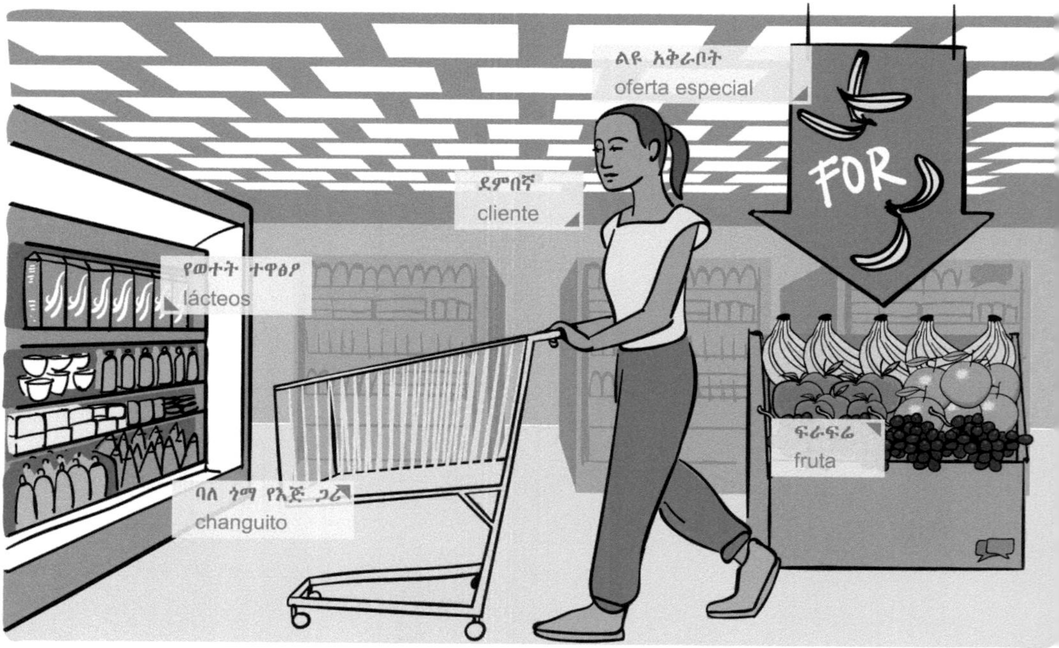

ሉካንዳ ነጋዴ

carnicería

መጋገርያ

panadería

ክብደት መመዘን

pesar

ቅጠላ ቅጠል አትክልት

verduras

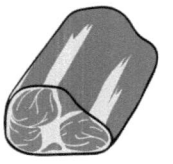

ስጋ

carne

የቀዘቀዘ/የረጋ ምግብ

alimentos congelados

ቀዝቃዛ ቁራጭ

fiambres

የታሸገ ምግብ

alimentos enlatados

የማጠቢያ ዱቄት

detergente en polvo

ጣፋጮች

golosinas

የቤት ዉስጥ ዉጤቶች

electrodomésticos

የፅዳት ምርቶች

productos de limpieza

የሽያጭ ባለሙያ

vendedora

የገንዘብ መመዝቢያ ማሽን

caja

የሒሳብ ሰራተኛ

cajero

የግዢ ዝርዝር

lista de compras

ክፍት ሰዓታት

horario de atención

የኪስ ቦርሳ

billetera

ክሬዲት ካርድ

tarjeta de crédito

ቦርሳ

cartera

የፕላስቲክ ቦርሳ

bolsa de plástico

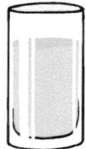

መጠጦች

bebidas

ዉሃ

agua

ጭማቂ

jugo

ወተት

leche

ኮካ-ኮላ

bebida cola

ወይን

vino

ቢራ

cerveza

አልኮል

alcohol

ኮካ

cacao

ሻይ

té

ቡና

café

የተፈላ ቡና

café expreso

ካፕቺኖ

cappuccino

ሙዝ

banana

ፖም

manzana

ብርቱካን

naranja

ሀብሀብ

melón

ሎሚ

limón

ካሮት

zanahoria

ነጭ ሽንኩርት

ajo

ሸምበቆ

bambú

ቀይ ሽንኩርት

cebolla

እንጉዳይ

champiñón

ለዉዝ

nueces

የህፃናት ምግብ

fideos

ፓስታ
....
tallarines

ሩዝ
....
arroz

ሰላጣ
....
ensalada

የድንች ጥብስ
....
papas fritas

ድንች ጥብስ
....
papas fritas

ፒዛ
....
pizza

ዳቦ ዉስጥ በስሱ ተ ጠብሶ የገባ ስጋ
....
hamburguesa

ሳንድዊች
....
sándwich

ጥሬ ስጋ
....
churrasco

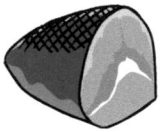

የአሳማ ስጋ
....
jamón

በቅመምና በጨዉ የታሸ ምግብ
ቀዝቅዞ የሚበላ ሾርባ ምግብ
....
salame

ቋሊማ
....
salchicha

ዶሮ
....
pollo

ጥብስ
....
asado

አሳ
....
pescado

የአጃ ገንፎ

copos de avena

ከወተት ጋር ተደባልቀዉ የሚበሉ ምግቦች

muesli

የበቆሎ ቅርፊት

copos de maíz

ዱቄት

harina

ኩራሳ

medialuna

ድብልብል ዳቦ

pancito

ዳቦ

pan

መጥበስ

tostada

ብስኩት

galletitas

ቅቤ

manteca

እርጎ

cuajada

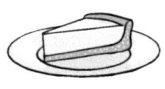

ኬክ

torta

እንቁላል

huevo

እንቁላል ጥብስ

huevo frito

አይብ

queso

የበረዶ ክሬም

helado

ስኳር

azúcar

ማር

miel

ማርማላት

mermelada

የተናጠ የወተት ክሬም

pasta de chocolate

ማጣፈጫ

curry

እርሻ

granja

granja
የእህልና የከብት ማቀመጫ ቤት
granero
fardo de paja
ሜዳ
campo
ፈረስ
caballo
ተሳቢ መኪና
remolque
የእርሻ መኪና
tractor
የፈረስ ዉርንጭላ
potrillo
አህያ
burro
በግ
oveja
የበግ ጠቦት
corcero

ፍየል

cabra

ላም

vaca

ጥጃ

ternero

አሳማ

cerdo

ግልገል አሳማ

lechón

ኮርማ

toro

ዝይ

ganso

ዳክዬ

pato

የዶሮ ጫጩት

pollo

ዶር

gallina

አዉራ ዶሮ

gallo

አይጥ

rata

ደድመት

gato

አይጥ

ratón

በሬ

buey

ዉሻ

perro

የዉሻ ቤት

cucha

የአትክልት ቦታ

manguera

ዉሃ ማጠጫ ባልዲ

regadera

ረጅም ማጭድ

guadaña

ማረሻ

arado

28   እርሻ - granja

ማጭድ

hoz

መኮትኮቻ

azada

የእህል መንሽ

horquilla

መጥረቢያ

hacha

ኩርኩር/ የእጅ ጋሪ

carretilla

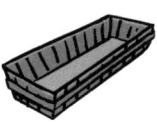

ገንዳ

abrevadero

የወተት ዕቃ

lechera

ጆንያ ከረጢት

bolsa

አጥር

reja

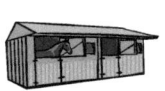

የፈረስ ጋጣ

establo

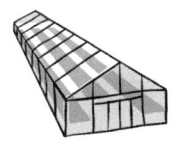

ዕፅዋት ማሳደጊያ የመስታዉት ቤት

invernadero

አፈር

suelo

ዘር

semilla

የመሬት ማዳበሪያ

fertilizador

ጥምር ማረሻ

cosechadora

እርሻ - granja

አዝመራ መሰብሰብ

cosechar

አዝመራ

cosecha

ድንች

batatas

ስንዴ

trigo

ሶያ

soja

ድንች

papa

በቆሎ

maíz

የከብት መኖ

semilla de colza

የፍሬ ዛፍ

árbol frutal

የካሳቫ ዛፍ

mandioca

እህል

cereales

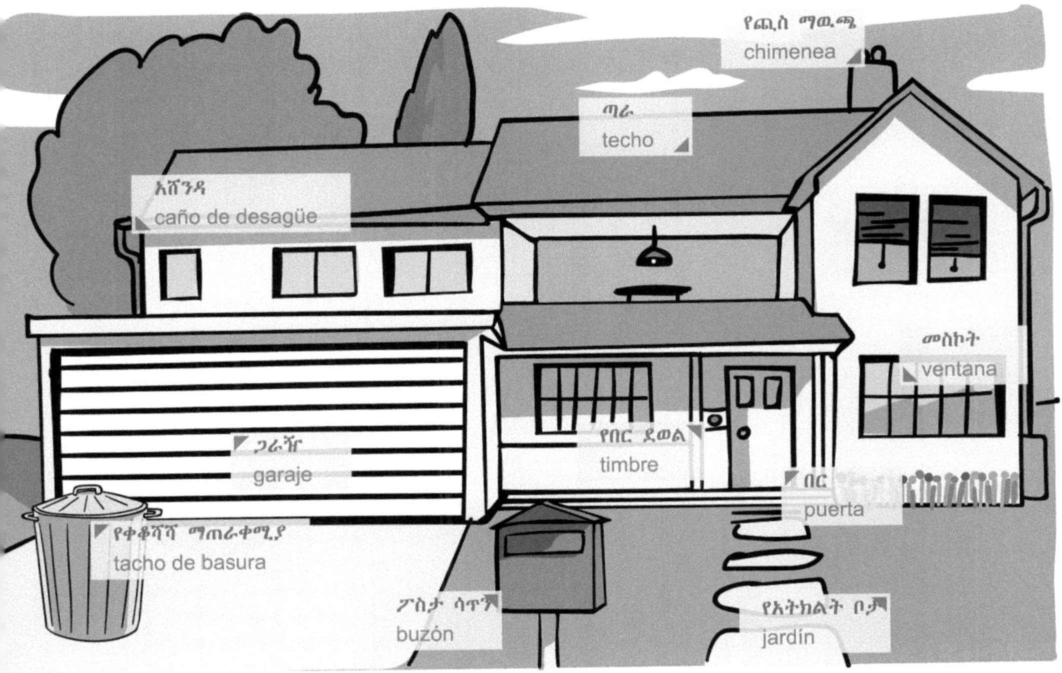

የጪስ ማዉጫ
chimenea
ጣራ
techo
አሸንዳ
caño de desagüe
መስኮት
ventana
ጋራዥ
garaje
የበር ደወል
timbre
በር
puerta
የቆሻሻ ማጠራቀሚያ
tacho de basura
ፖስታ ሳጥን
buzón
የአትክልት ቦታ
jardín

ሳሎን

living

መታጠቢያ ቤት

baño

ማድቤት

cocina

መኝታ ቤት

dormitorio

የልጅ ክፍል

cuarto de los chicos

መመገቢያ ክፍል

comedor

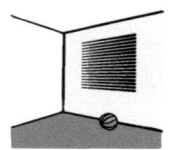

ወለል

piso

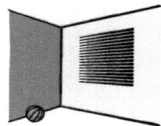

ግድግዳ

pared

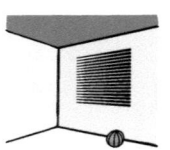

ጣሪያ

cielorraso

ምድር ቤት

sótano

በእንፋሎት ሙቀት መታጠቢያ ቤት

sauna

ሰገነት

balcón

ከፍ ያለ መደብ

terraza

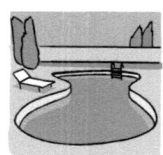

የመዋኛ ገንዳ

pileta

የማጨጃ መኪና

cortadora de pasto

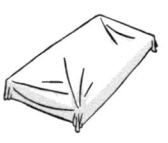

አንሶላ

sábana

የአልጋ ልብስ

acolchado

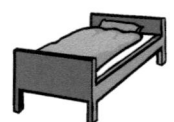

አልጋ

cama

መጥረጊያ

escoba

ባልዲ

balde

ማብሪያና ማጥፊያ

interruptor

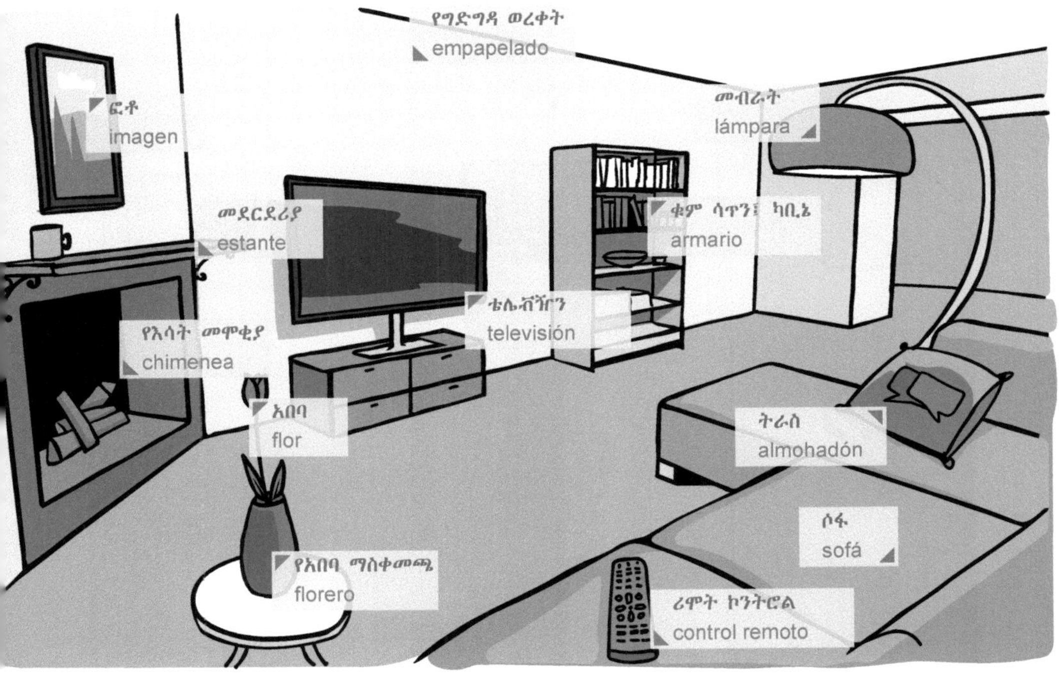

የግድግዳ ወረቀት
empapelado

ፎቶ
imagen

መብራት
lámpara

መደርደሪያ
estante

ቁም ሳጥን፣ ካቢኔ
armario

ቴሌቪዥን
televisión

የእሳት መሞቂያ
chimenea

አበባ
flor

ትራስ
almohadón

ሶፋ
sofá

የአበባ ማስቀመጫ
florero

ሪሞት ኮንትሮል
control remoto

ንጣፍ
alfombra

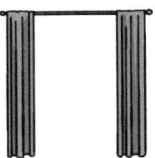

መጋረጃ
cortina

ጠረጴዛ
mesa

ወንበር
silla

ተወዛዋዥ ወንበር
mecedora

ባለመደገፊያ ወንበር
sillón

መጽሐፍ

libro

ብርድ ልብስ

frazada

ጌጥ

decoración

ማገዶ

leña

ፊልም

película

የሙዚቃ መማጫወቻ

equipo de música

ቁልፍ

llave

ጋዜጣ

diario

ስዕል

pintura

የተለጠፈ ማስታወቂያ እንደ ስዕል

póster

ራዲዮ

radio

ማስታወሻ ደብተር

cuaderno

የአየር ማፅጃ ለምንጣፍ

aspiradora

ቁልቋል

cactus

ሻማ

vela

ማድቤት

cocina

ማቀዝቀዣ
heladera
ማይክሮዌቭ ምግብ ማብሰያ
microondas
የኩሽና መመዘኛ ሚዛን
balanza de cocina
ዳቦ መጥበሻ
tostadora
ንፁህ ማድረጊያ
detergente
ምድጃ
horno
ማቀዝቀዣ
freezer
የቆሻሻ ማጠራቀሚያ
tacho de basura
እቃ ማጠቢያ
lavaplatos

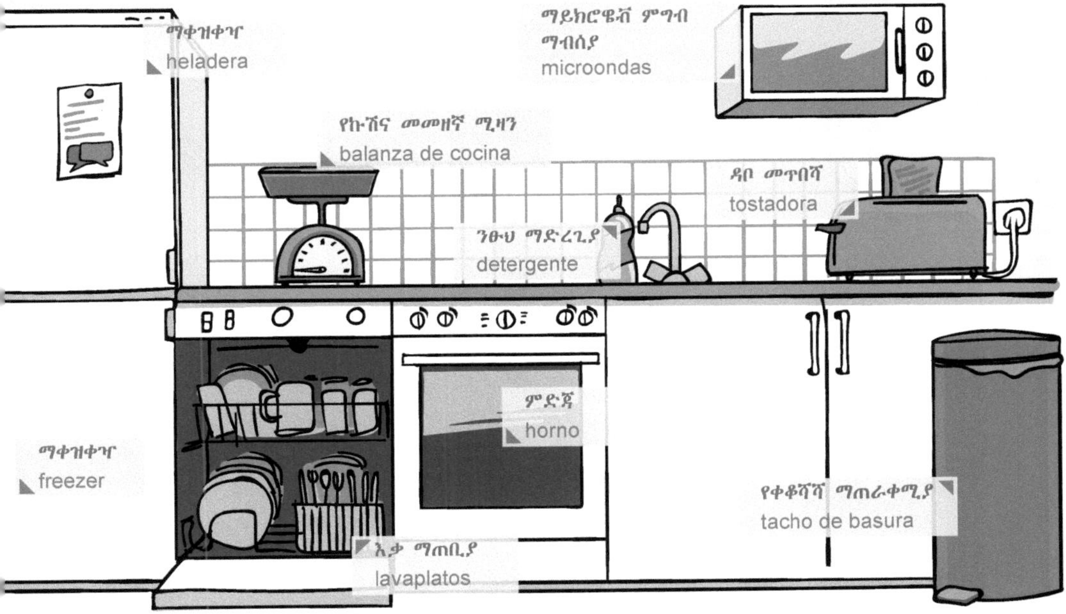

ምግብ አብሳይ

cocina

ማሰሮ

olla

የብረት ማሰሮ

olla de hierro fundido

ምግብ ማብሰያ ዝርግ ድስት

wok

የምግብ መጥበሻ

sartén

ማንቆርቆሪያ

pava

የእንፋሎት ማብሰያ

vaporera

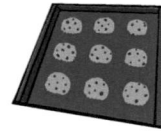

የመጋገሪያ ትሪ

bandeja de horno

ሰብስቦች

vajilla

ትልቅ ኩባያ

taza

ጎድጓዳ ሳህን

bol

ቾፕስቲክስ

palitos

ጭልፋ

cucharón

መሰቅሰቂያ ዝርግ ማንኪያ

estpátula

ማደባለቂያ

batidora

መወጠሪያ

colador

ወንፊት

colador

መፈርፈሪያ መሳሪያ

rallador

ሲሚንቶ

mortero

የፍም ጥብስ

parrilla

የተለቀቀ እሳት

fogata

መክተፊያ

tabla de picar

ተንሸራታች መርፌ

palo de amasar

የጠርሙስ መክፈቻ

sacacorchos

ጣሳ

lata

የጣሳ መክፈቻ

abrelatas

የማሰሮ መሸፈኛ

manopla

ሳህን ማጠቢያ

pileta

ብሩሽ

cepillo

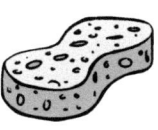

ስፖንጅ

esponja

መደባለቂያ መሳሪያ

batidora

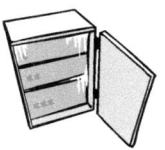

በጣም ማቀዝቀዣ

congelador

ጡጦ

mamadera

ቧንቧ

canilla

መታጠቢያ ቤት

baño

ማሞቂያ
calefacción
መታጠቢያ
ducha
ፎጣ
toalla
የመታጠቢያ ቤት መጋረጃ
cortina de ducha
የአረፋ መታጠቢያ
baño de espuma
የመታጠቢያ ገንዳ
bañadera
ብርጭቆ
vaso
የልብስ ማጠቢያ
lavarropas
canilla
ማዕዘን ወለል
baldosas
pelela
ሳህን ማጠቢያ
pileta

ሽንት ቤት

inodoro

የሽንት ቤት መቀመጫ

letrina

ሳፋ

bidé

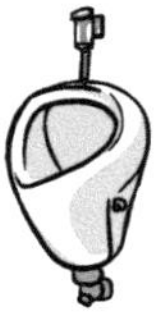

የመንገድ ዳር መሽኛ

mingitorio

የሽንት ቤት ወረቀት

papel higiénico

የሽንት ቤት ማፅጃ ብሩሽ

cepillo para el inodoro

የጥርስ ብሩሽ

cepillo de dientes

የጥርስ ሳሙና

dentífrico

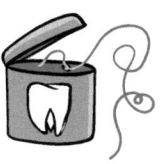

የጥርስ ማፅጃ ክር

hilo dental

መታጠብ

lavar

የእጅ መታጠቢያ

ducha de mano

መታጠቢያ

ducha higiénica

ጎድጓዳ ሳህን

palangana

የጀርባ ብሩሽ

cepillo para espalda

ሳሙና

jabón

የመታጠቢያ የሚዝለገለግ ሳሙና

gel de ducha

የፀጉር መታጠቢያ ሳሙና

shampoo

ለስላሳ ጨርቅ

toallita

ፍሳሽ

desagüe

ክሬም

crema

ጠረን መቀየሪያ ንጥረ ነገር

desodorante

መስታወት

espejo

የእጅ መስታወት

espejito

ምላጭ

maquinita de afeitar

የመላጫ አረፋ

espuma de afeitar

ከመላጨት በኋላ የሚቀባ ሽቱ

aftershave

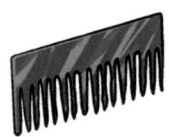

ማበጠሪያ

peine

ብሩሽ

cepillo

የፀጉር ማድረቂያ

secador de pelo

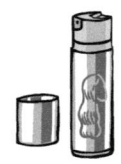

በፀጉር ላይ የሚነፋ

spray

የፊት መቀባቢያ

maquillaje

የከንፈር ቀለም

lápiz de labios

የጥፍር ቀለም

esmalte para uñas

የጥጥ ሱፍ

algodón

ጥፍር መቁረጫ

tijera para uñas

ሽቶ

perfume

ማጠቢያ ባልዲ

portacosméticos

መቀመጫ

banqueta

ሚዛን

balanza

የመታጠቢያ ልብስ

bata

የላስቲክ ጓንት

guantes de goma

ሞዴስ

tampón

የፅዳት ፎጣ

toallita femenina

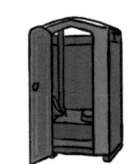

የሽንት ቤት ኬሚካል

baño químico

የልጅ ክፍል
cuarto de los chicos

despertador
የህፃን አሻንጉሊት
peluche
የመጫወቻ መኪና
coche de juguete
ማንገጫገጫ
መጫወቻ
sonajero
የአሻንጉሊት ቤት
casa de muñecas
ስጦታ
regalo

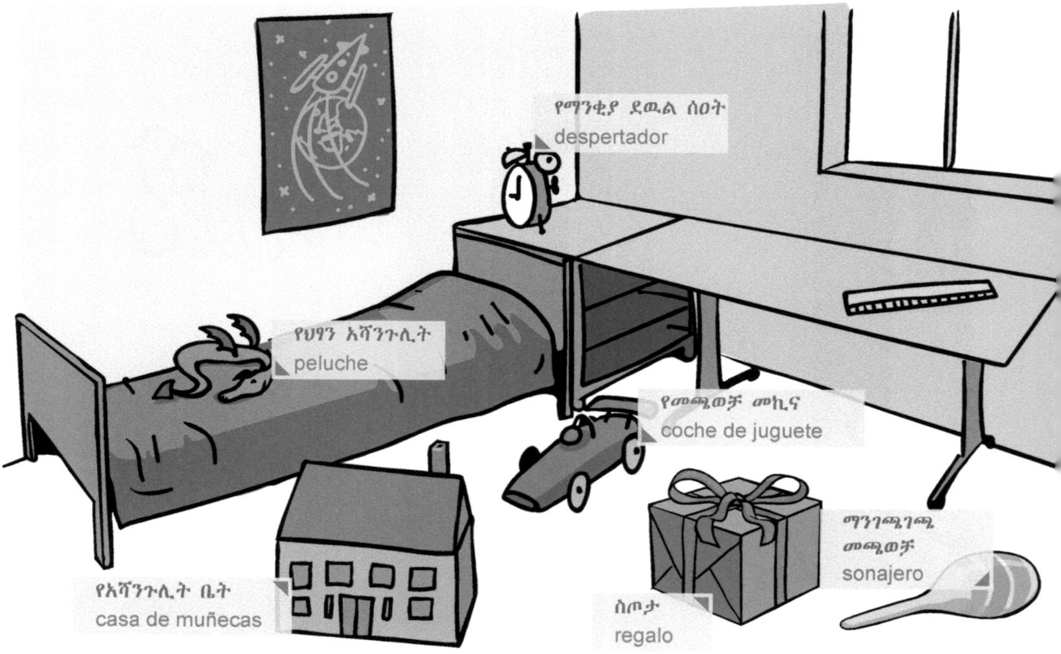

ፊኛ

globo

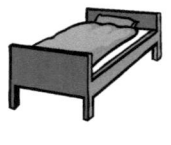

አልጋ

cama

የህፃን ማንሸራሸሪያ ጋሪ

cochecito

የካርታ መጫወቻ

cartas

ቁርጥራጭ ምስሎችን የማገጣጠም
እና ምስል የማግኘት ጨዋታ

rompecabezas

አዝናኝ

historieta

ተገጣጣሚ መጫወቻ

piezas de lego

የመጫወቻ መገጣጠሚያዎች

ladrillos de juguete

የድርጊት ምስል

figura de acción

የህፃን እድገት

enterito (de bebé)

የፕላስቲክ መጫወቻ ዝርግ ሰሀን

frisbee

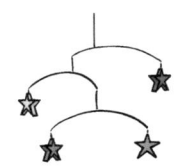

ተወዛዋዥ የህፃን ማጫወቻ

móvil para bebés

የሰሌዳ ጨዋታ

juego de mesa

የመጫወቻ ጠጠር

dados

የመጫወቻ ባቡር

tren eléctrico

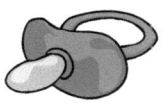

የእንጀራ እናት ጡጦ

chupete

ድግስ

fiesta

የስዕል መፅሀፍ

libro de cuentos ilustrado

ኳስ

pelota

አሻንጉሊት

muñeca

መጫወት

jugar

የአሸዋ መጫወቻ

arenero

ዥዋዥዌ

hamaca

መጫወቻዎች

juguetes

የቪዲዮ መጫወቻ

consola de videojuegos

ባለ ሶስት ጎማ ብስክሌት

triciclo

የአሻንጉሊት ድብ

osito de peluche

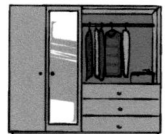

ቁምሳጥን

armario

አልባሳት

ropa

ካልሲዎች

medias

ስቶኪንጎች

medias panty

ታይት

calzas

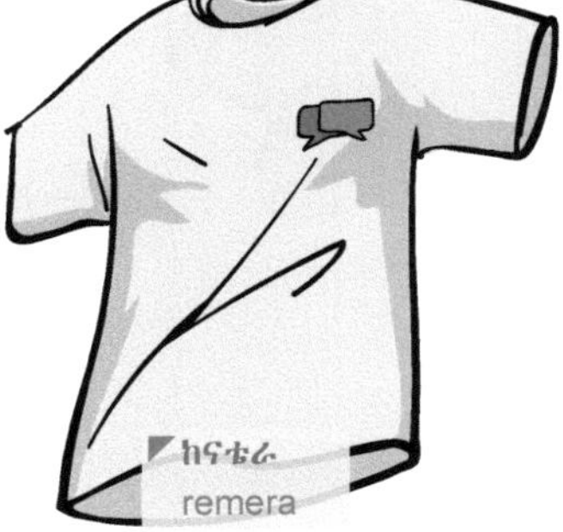

የአንገት ልብስ
bufanda

paraguas

ከናቴራ
remera

ቀበቶ
cinturón

ቦቲ
botas

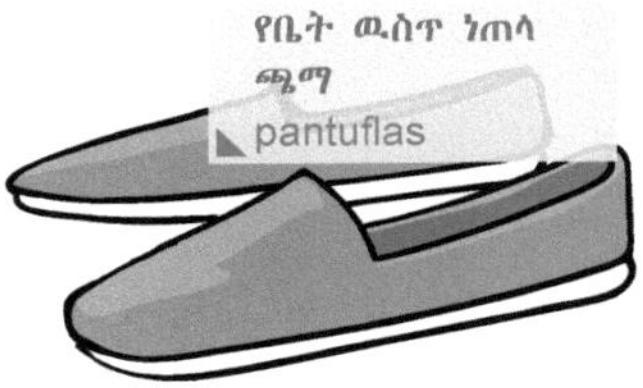

የቤት ዉስጥ ነጠላ ጫማ
pantuflas

ስኒከሮች
zapatillas

ነጠላ ጫማዎች

sandalias

ጫማዎች

zapatos

የዝናብ ቡትስ

botas de goma

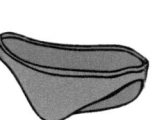

ሙታንታ

ropa interior

ጡት መያዣ

corpiño

ሰደርያ

chaleco

ሰዉነት

body

ሱሪዎች

pantalones

ጅንስ

jeans

ጉርድ ቀሚስ

pollera

ሸሚዝ

blusa

ሸሚዝ

camisa

የሚጠለቅ ሹራብ

pulóver

ሹራብ

buzo

ዩኒፎርም ጃኬት

blazer

ጃኬት

campera

ኮት

tapado

የዝናብ ኮት

piloto

ልብስ

traje

ቀሚስ

vestido

የሙሽራ ቀሚስ

vestido de novia

ሱፍ

traje

የለሊት ልብስ

camisón

የለሊት ልብስ

pijama

ረጅም ቀሚስ

sari

ሂጃብ

pañuelo para cabeza

ጥምጣም

turbante

ቡርቃ

burka

ሽርጥ

caftán

አባያ

abaya

የዋና ልብስ

traje de baño

አጭር ቁምጣ

short de baño

ቁምጣዎች

shorts

የስራ ቱታ

jogging

ሽርጥ

delantal

ጓንት

guantes

ቁልፍ

botón

መነፅር

anteojos

አምባር

pulsera

የአንገት ሀብል

collar

ቀለበት

anillo

የጆሮ ጌጥ

aro

ኮፍያ

gorra

የኮት መስቀያ

percha

ኮፍያ

sombrero

ክረቫት

corbata

ዚፕ

cierre

የብረት ቆብ

casco

መደገፊያ

tiradores

የትምህርት ቤት የደንብ ልብስ

uniforme escolar

የደንብ ልብስ

uniforme

መሃረብ

babero

የእንጀራ እናት ጡጦ

chupete

ሽንት ጨርቅ

pañal

ቢሮ

oficina

ማሰራጫ ጣቢያ servidor
የፋይል መደርደሪያ ካቢኔ archivero
ወረቀት papel
የህትመት መሳሪያ impresora
መቆጣጠሪያ monitor
ማውዝ mouse
መፃፊያ ጠረጴዛ escritorio
ማህደር carpeta
የመፃፊ ቁልፎች teclado
የቆሻሻ ወረቀት መጣያ ቅርጫት tacho (de basura)
ኮምፒዉተር computadora
ወንበር silla

የቡና መጠጫ ትልቅ ኩባያ

taza de café

ማስልያ ማሽን

calculadora

ኢንተርኔት

internet

ላፕቶፕ

laptop

ደብዳቤ

carta

መልዕክት

mensaje

ተንቀሳቃሽ ስልክ

celular

የግንኙነት አዉታር

red

ማባዣ ማሽን

fotocopiadora

ሶፍትዌር

software

ስልክ

teléfono

የግድግዳ ሶኬት

tomacorriente

የፋክስ ማሽን

fax

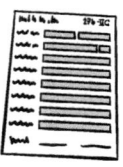

ቅፅ

formulario

ሰነድ

documento

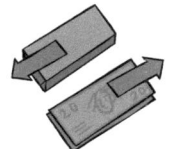

መግዛት
....
comprar

መክፈል
....
pagar

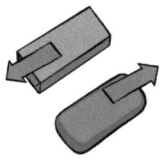

መነገድ
....
hacer negocios

ገንዘብ
....
dinero

USD

ዶላር
....
dólar

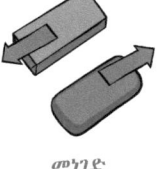

EUR

ዩሮ
....
euro

JPY

የን
....
yen

RUB

ሩብል
....
rublo

CHF

የስዊዝ ፍራንክ
....
franco suizo

CNY

ሬንሚንቢ ዩዋን
....
yuan

INR

ሩጲ
....
rupia

የገንዘብ ነጥብ
....
cajero automático

የዉጭ ገንዘብ ምንዛሪ ቢሮ

casa de cambio

ወርቅ

oro

ብር

plata

ዘይት

petróleo

ሀይል፣ ጉልበት

energía

ዋጋ

precio

ግንኙነት

contrato

ቀረጥ

impuesto

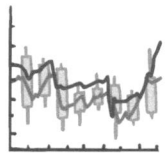

አክስዮን

acción

መስራት

trabajar

ተቀጣሪ

empleado

ቀጣሪ

empleador

ፋብሪካ

fábrica

ሱቅ

negocio

የስራ ሙያዎች

ocupaciones

የእሳት አደጋ ሰራተኛ
bombero
የፖሊስ አዛዥ
policía
ምግብ አብሳይ
cocinero
ዶክተር
médico
አብራሪ
piloto

አትክልተኛ

jardinero

አናጢ

carpintero

ልብስ ሰፊ ሴት

modista

ዳኛ

juez

ቀማሚ

farmacéutico

ተዋናይ

actor

የአዉቶቢስ ሹፌር

colectivero

የታክሲ ሹፌር

taxista

አሳ አጥማጅ

pescador

ፅዳት ሰራተኛ

mucama

የጣራ ሰራተኛ

techista

አስተናጋጅ

mozo

አዳኝ

cazador

ሰዓሊ

pintor

ጋጋሪ

panadero

የኤሌትሪክ ሰራተኛ

electricista

ገምቢ

albañil

መሃንዲስ

ingeniero

ልኳንዳ

carnicero

የቧንቧ ሰራተኛ

plomero

የፖስታ ሰራተኛ

cartero

ወታደር

soldado

መሃንዲስ

arquitecto

የሒሳብ ሰራተኛ

cajero

አበባ ሻጭ

florista

የፀጉር ሰራተኛ

peluquero

ቲኬት ቆራጭ

cobrador

መካኒክ

mecánico

ካፒቴን

capitán

የጥርስ ሐኪም

dentista

ተመራማሪ

científico

መምህር

rabino

የሙስሊም ሃይማኖታዊ መሪ

imán

መነኩሴ

monje

ካህን

sacerdote

መሳሪያዎች

herramientas

መዶሻ
martillo
tenaza
መፍቻ
destornillador
የመሳሪ መፍቻ
llave
ባትሪ
linterna

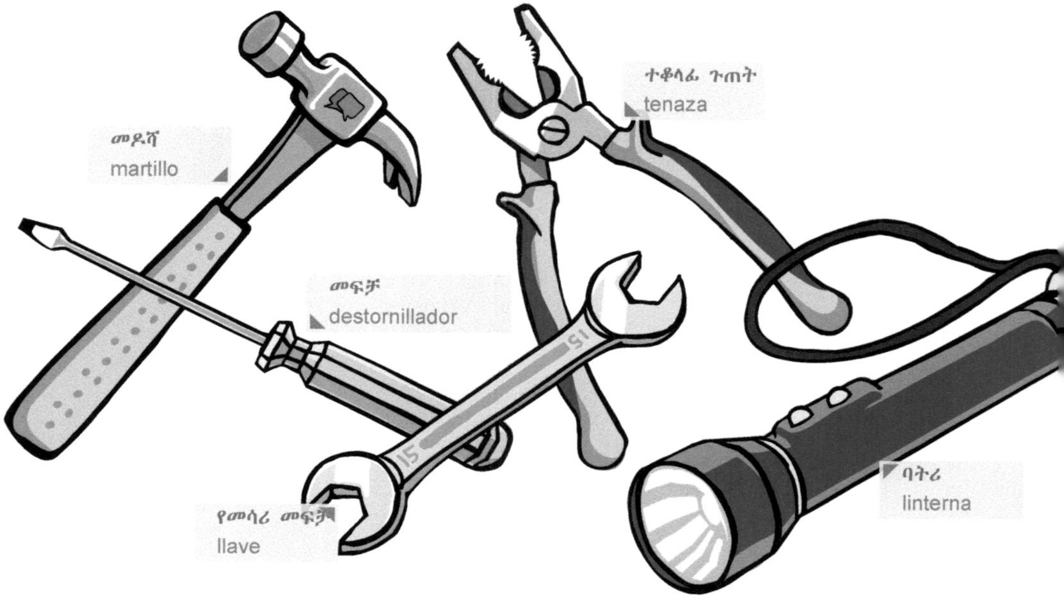

በቁፋሮ የሚዝቅ

excavadora

የመፍቻ ሳጥን

caja de herramientas

መሰላል

escalera portátil

መጋዝ

sierra

ምስማር

clavos

መሰርሰሪያ

taladro

መጠገን

arreglar

አካፋ

pala de jardín

የተረገመ!

¡Qué bronca!

ቆሻሻ ማፈሻ

pala de plástico

የቀለም ቆርቆሮ

tacho de pintura

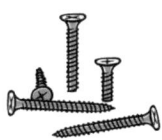

ብሎን

tornillos

የሙዚቃ መሳሪያዎች

instrumentos musicales

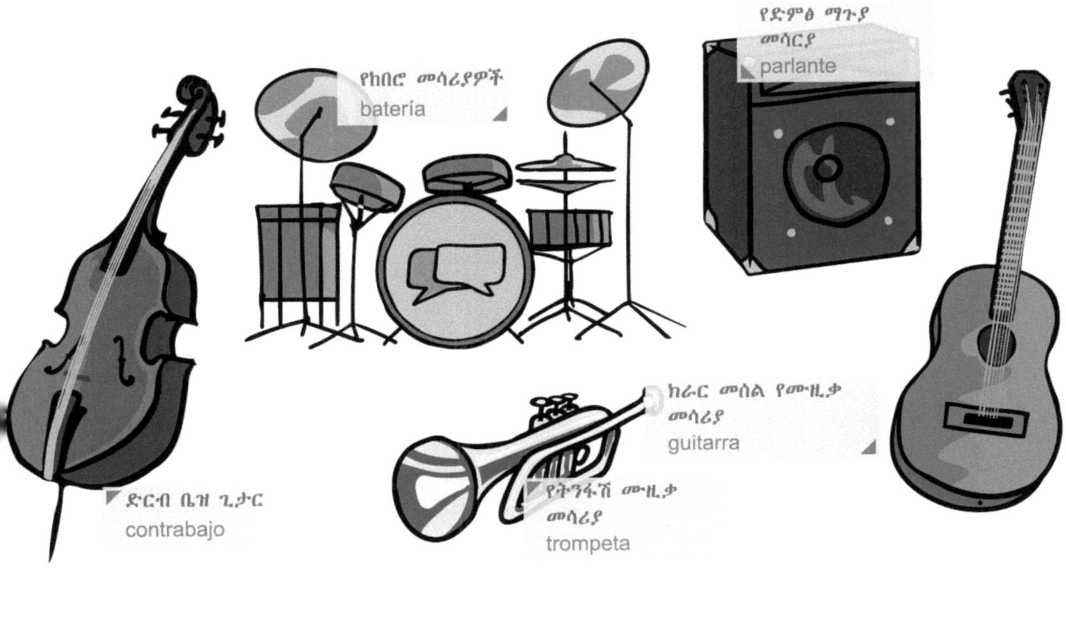

የድምፅ ማጉያ መሳርያ
parlante
የከበሮ መሳሪያዎች
batería
ክራር መሰል የሙዚቃ መሳሪያ
guitarra
የትንፋሽ ሙዚቃ መሳሪያ
trompeta
ድርብ ቤዝ ጊታር
contrabajo

ፒያኖ

piano

ቫዮሊን

violín

ወፍራም ፤ ጎርናና ድምፅ ያለዉ
ክራር መሰል ሙዚቃ መሳሪያ

bajo

ነጋሪት

timbales

ከበሮ

tambor

በኤሌክትሪክ የሚሰራ ፒኖ

teclado

የትንፋሽ ሙዚቃ መሳሪያ

saxofón

ዋሽንት

flauta

የድምፅ ማጉያ

micrófono

ነብር
t gre

መግቢያ
entrada

ሳጥን
jaula

የሜዳ አህያ
cebra

የእንስሳ ምግብ
alimento para animales

ትልቅ ድብ
oso panda

እንስሳቶች
....
animales

ዝሆን
....
elefante

ካንጋሮ
....
canguro

አዉራሪስ
....
rinoceronte

ትልቅ ዝንጀሮ
....
gorila

ድብ
....
oso

ግመል

camello

ሰጎን

avestruz

አንበሳ

león

ጦጣ

mono

ቅልጥመ ረዥም ወፍ

flamenco

በቀቀን

loro

የወዋልታ ድብ

oso polar

የዋልታ ወፎች

pingüino

ረጅም ጥርሶች ያሉትአሳ ነባሪ

tiburón

ጣዎስ

pavo real

እባብ

serpiente

አዞ

cocodrilo

የዱር አራዊት የሚጠበቁበት
ማቆያን የሚጠብቅ

cuidador del zoológico

አሳ በሊታ የባህር እንስሳ

foca

የዱር ድመት

jaguar

ድንክ ፈረስ

....

poni

ነብር

....

leopardo

ጉማሬ

....

hipopótamo

ቀጭኔ

....

jirafa

ንስር

....

águila

ከርከሮ

....

jabalí

አሳ

....

pescado

የባህር ኤሊ

....

tortuga

የባህር አዉሬ

....

morsa

ቀበሮ

....

zorro

የሜዳ ፍየል፣ ሚዳቋ

....

gacela

የስፖርት አይነቶች

deportes

የአሜሪካ እግርኳስ
fútbol americano
የብስክሌት ስፖርት
ciclismo
ቴኒስ
tenis
የቅርጫት ኳስ
básquet
ዋና
natación
የበ ጢ ስፖርት
boxeo
የበረዶ ላይ የገና ጨዋታ
hockey sobre hielo

እግር ኳስ

fútbol

የላበ ኳስ ጨዋታ

bádminton

አትሌቲክስ

atletismo

የእጅ ኳስ ስፖርት

handball

የበረዶ መንሸራተት ስፖርት

esquí

ፈረስ ግልቢያ

polo

እንቅስቃሴዎች
actividades

መዝለል
saltar
ማቀፍ
abrazar
መሳቅ
reír
መዘመር
cantar
መራመድ
caminar
ህልም ማለም
soñar
መፀለይ
rezar
መሳም
besar

A

መፃፍ
escribir

መሳል
dibujar

ማሳየት
mostrar

መግፋት
presionar

መስጠት
dar

መዉሰድ
tomar

መያዝ

tener

ማድረግ

hacer

መሆን

ser

መቆም

estar parado

መሮጥ

correr

መሳብ

tirar

መወርወር

tirar

መዉደቅ

caer

መዋሸት

estar acostado

መጠበቅ

esperar

መሸከም

llevar

መቀመጥ

estar sentado

መልበስ

vestirse

መተኛት

dormir

መንቃት

despertar

መመልከት

mirar

ማለልቀስ

llorar

መጫር

acariciar

ማበጠር

peinar

ማዉራት

hablar

መረዳት

entender

ጥያቄ

preguntar

ማዳመጥ

escuchar

መጠጣት

beber

መብላት

comer

ማንፃት

ordenar

ማፍቀር

amar

ምግብ ማብሰል

cocinar

መንዳት

manejar

መብረር

volar

መርከብ መንዳት

navegar

ቁጥሮችን ማስላት

calcular

ማንበብ

leer

መማር

aprender

መስራት

trabajar

ማግባት

casarse

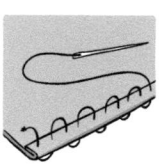

መስፋት

coser

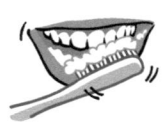

ጥርስ መቦረሽ

cepillarse los dientes

መግደል

matar

ማጨስ

fumar

መላክ

enviar

የሴት አያት
abuela

የወንድ አያት
abuelo

አባት
padre

እናት
madre

ህጻን
bebé

ሴት ልጅ
hija

ወንድ ልጅ
hijo

እንግዳ

invitado

አክስት

tía

አጎት

tío

ወንድም

hermano

እህት

hermana

አካል

cuerpo

ግንባር
frente
አይን
ojo
ትከሻ
hombro
ጣት
dedo
ፊት
cara
አገጭ
pera
እጅ
mano
ጡት
pecho
እግር
pierna
ክንድ
brazo

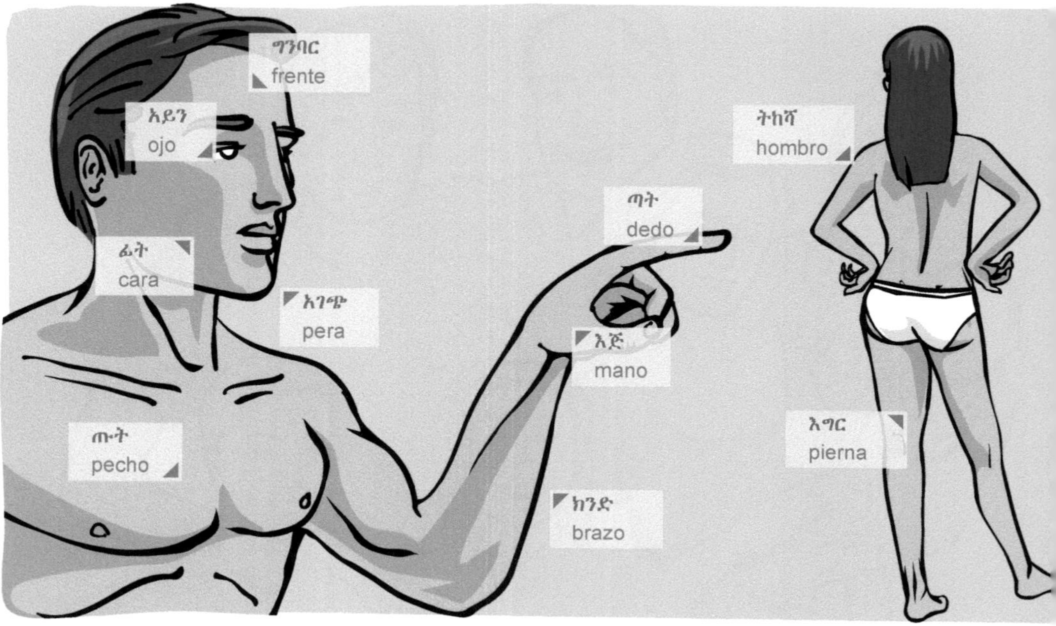

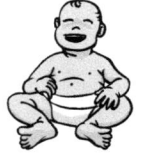

ህፃን

bebé

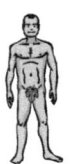

ሰዉ

hombre

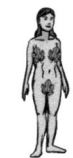

ሴት

mujer

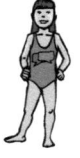

ልጃገረድ

nena

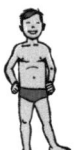

ወንድ ልጅ

nene

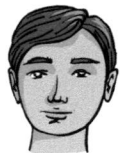

ራስ

cabeza

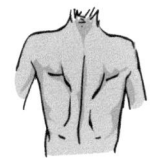

ጀርባ

espalda

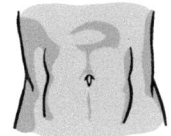

ሆድ

panza

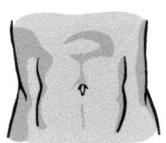

እምብርት

ombligo

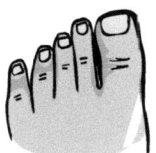

የእግር ጣት

dedo del pie

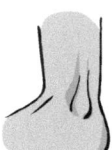

ተረከዝ

talón

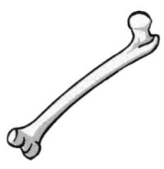

አጥንት

hueso

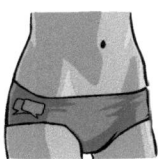

ዳሌ

cadera

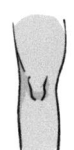

ጉልበት

rodilla

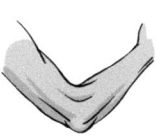

ክርን

codo

አፍንጫ

nariz

ቂጥ

cola

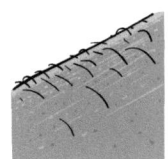

ቆዳ

piel

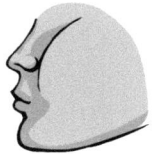

ጉንጭ

cachete

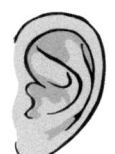

ጆሮ

oreja

ከንፈር

labio

አካል - cuerpo

አፍ

boca

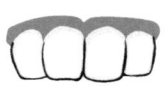

ጥርስ

diente

ምላስ

lengua

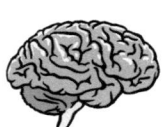

አንጎል

cerebro

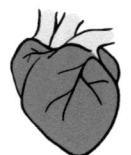

ልብ

corazón

ጡንቻ

músculo

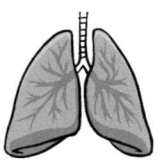

ሳምባ

pulmón

ጉበት

hígado

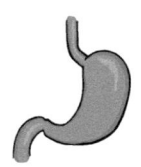

ሆድ

estómago

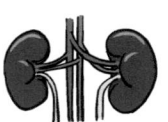

ኩላሊቶች

riñones

የግብረስጋ ግንኙነት

sexo

ኮንዶም

preservativo

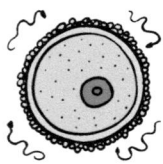

የሴት እንቁላል

óvulo

የዘር ፈሳሽ

semen

እርግዝና

embarazo

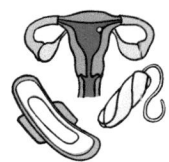

የወር አበባ

menstruación

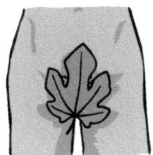

እምስ

vagina

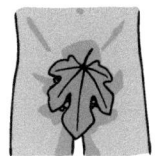

ቁላ

pene

ቅንድብ

ceja

ፀጉር

pelo

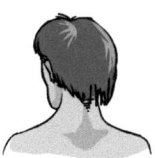

አንገት

cuello

ሆስፒታል
hospital

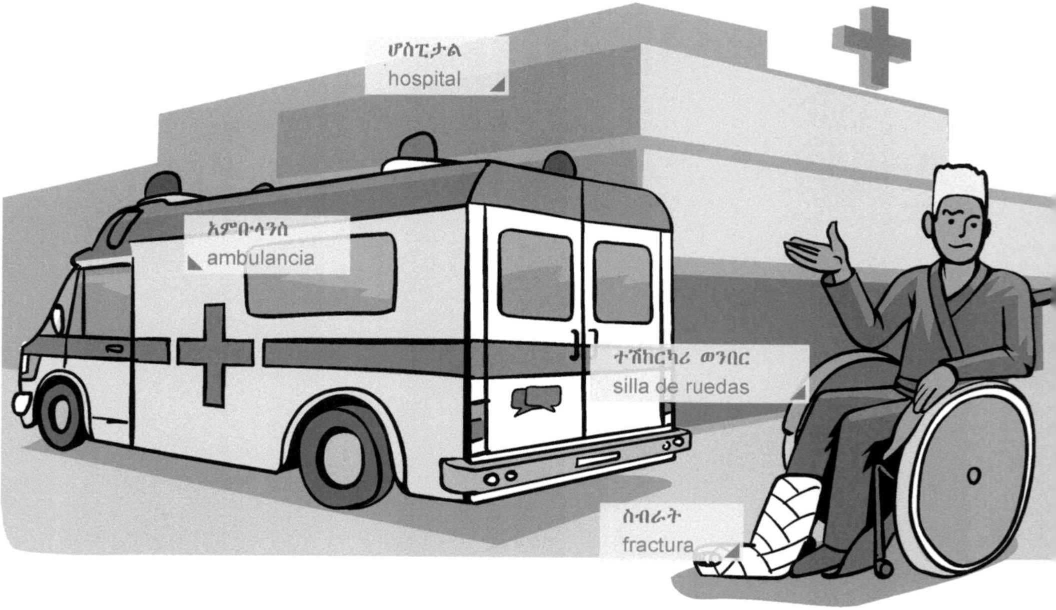

ሆስፒታል
hospital
አምቡላንስ
ambulancia
ተሽከርካሪ ወንበር
silla de ruedas
ስብራት
fractura

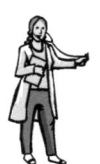

ዶክተር

médico

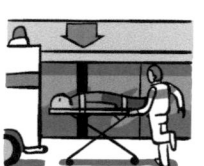

ድንገተኛ ክፍል

sala de guardia

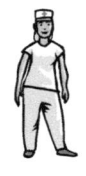

ነርስ

enfermera

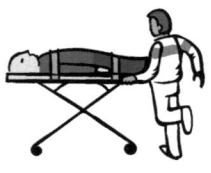

ድንገተኛ

emergencia

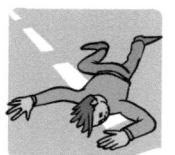

ራስን መሳት/ አለማወቅ

inconsciente

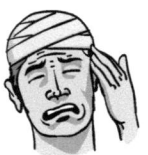

ህመም

dolor

ጉዳት

lesión

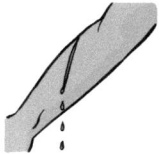

መድማት

hemorragia

የልብ ድካም

infarto

ስትሮክ

ACV

አለርጂ

alergia

ሳል

tos

ትኩሳት

fiebre

ኢንፍሉዌንዛ

gripe

ተቅማጥ

diarrea

የራስ ምታት

dolor de cabeza

ካንሰር

cáncer

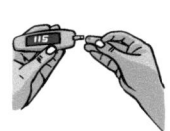

የስኳር በሽታ

diabetes

ቀዶ ጠጋኝ ሐኪም

cirujano

የቀዶ ጥገና ስለት

bisturí

ቀዶ ጥገና

operación

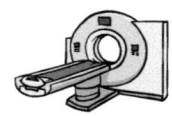

ሲቲ

TC

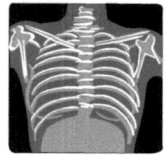

ኤክስሬዮ

rayos x

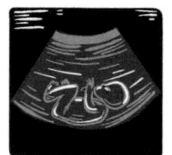

አልትራሳዉንድ

ecografía

የፊት ጭምብል

barbijo

በሽታ

enfermedad

መጠበቂያ ክፍል

sala de espera

ምርኩዝ

muleta

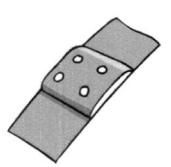

የቁስል ማሸጊያ

curita

ፋሻ

venda

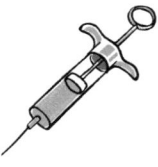

መርፌ

inyección

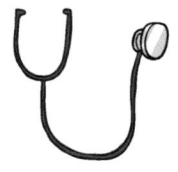

የልብ ምት ማዳመጫ መሳሪያ

estetoscopio

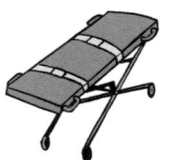

የበሽተኛ አልጋ

camilla

የህክምና ሙቀት መለኪያ መሳሪያ

termómetro

መውለድ

nacimiento

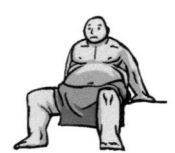

ከልክ ያለፈ ክብደት

sobrepeso

ለመስማት የሚረዳ መሳሪያ

audífono

ፀረ ተባይ መድሀኒት

desinfectante

ማመርቀዝ

infección

ቫይረስ

virus

ኤች አይቪ. ኤድስ

VIH / SIDA

ህክምና

remedio

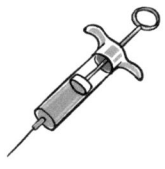

ክትባት

vacunación

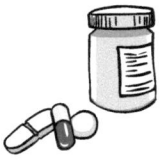

ኪኒን

comprimidos

ኪኒን

pastilla anticonceptiva

አስቸኳይ የስልክ ጥሪ

llamada de emergencia

ደም ግፊት መቆጣጠሪያ

tensiómetro

ህመም/ ጤንነት

enfermo / sano

ድንገተኛ
emergencia

እርዳታ!

¡Ayuda!

ማንቂያ ደዉል

alarma

ጥቃት

agresión

ድብደባ

ataque

አደጋ

peligro

የድንገተኛ መዉጫ

salida de emergencia

እሳት!

¡Fuego!

እሳት ማጥፊያ

matafuego

አደጋ

accidente

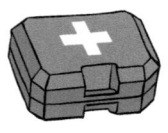

የመጀመሪያ እርዳታ መድሃኒት መያዣ

botiquín de primeros auxilios

ነፍስ አድን

SOS

ፖሊስ

policía

አዉሮፓ

Europa

ሰሜን አሜሪካ

América del Norte

ደቡብ አሜሪካ

América del Sur

አፍሪካ

África

እስያ

Asia

አዉስትራሊያ

Australia

አትላንቲክ

Atlántico

ፓስፊክ

Pacífico

የህንድ ዉቅያኖስ

Océano Índico

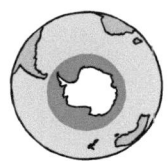

አንታርክቲክ ዉቅያኖስ

Océano Antártico

አርክቲክ ዉቅያኖስ

Océano Ártico

ሰሜን ዋልታ

polo norte

ደቡብ ዋልታ

polo sur

አንታርክቲካ

Antártida

ምድር

Tierra

መሬት

tierra

ባህር

mar

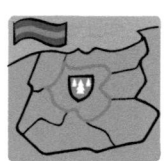

ደሴት

isla

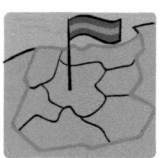

አገርና ህዝብ

nación

መንግስት

estado

78   ምድር - Tierra

የሰዓት ገፅታ

esfera

ሰዓት

manecilla de las horas

ደቂቃ

minutero

ሴኮንድ

segundero

ስንት ሰዓት ነው?

¿Qué hora es?

ቀን

día

ጊዜ

hora

አሁን

ahora

የቁጥር ሰዐት

reloj digital

ደቂቃ

minuto

ሰዓታት

hora

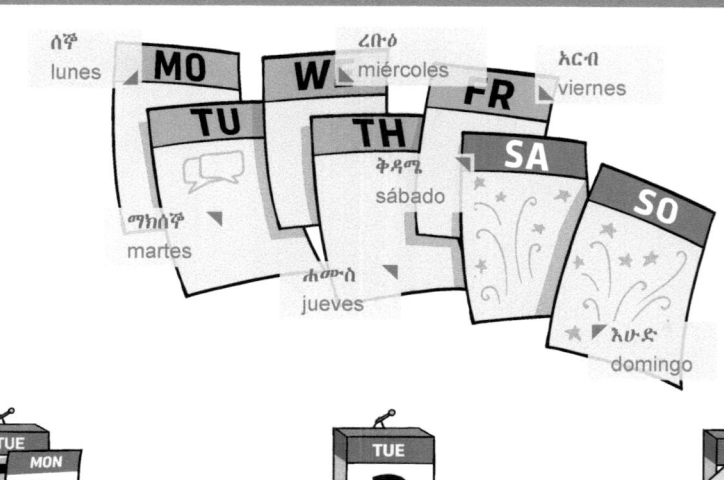

ሰኞ lunes — MO — W — ረቡዕ miércoles — FR — ኣርብ viernes

TU — TH — SA — SO

ማክሰኞ martes

ቅዳሜ sábado

ሐሙስ jueves

እሁድ domingo

ትላንት
ayer

ዛሬ
hoy

ነገ
mañana

ማለዳ
mañana

ቀትር
mediodía

ምሽት
tarde

MO	TU	WE	TH	FR	SA	SU
1	2	3	4	5	6	7
8	9	10	11	12	13	14
15	16	17	18	19	20	21
22	23	24	25	26	27	28
29	30	31	1	2	3	4

የስራ ቀናት
días hábiles

MO	TU	WE	TH	FR	SA	SU
1	2	3	4	5	6	7
8	9	10	11	12	13	14
15	16	17	18	19	20	21
22	23	24	25	26	27	28
29	30	31	1	2	3	4

የዕረፍት ቀናት
fin de semana

ዓመት

año

ዝናብ
lluvia
ቀስተ ዳመና
arco iris
ጥጥ የሚመስል አመዳይ በረዶ
nieve
viento
ፀደይ
primavera
በጋ
verano
መኸር
otoño
ክረምት
invierno

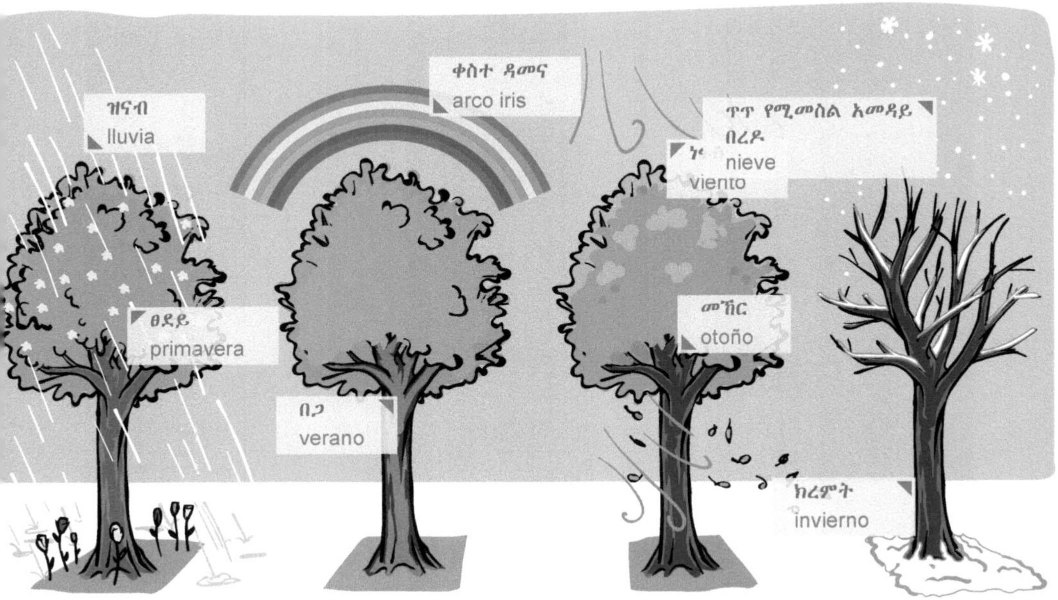

የአየር ሁኔታ ትንበያ

....

pronóstico meteorológico

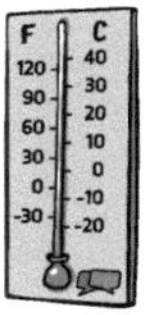

የሙቀት መለኪያ

....

termómetro

የፀሀይ ሙቀት

....

luz del sol

ደመና

....

nube

ጭጋግ

....

niebla

እርጥበታማነት

....

humedad

መብረቅ

rayo

ነጎድጓድ

trueno

አዉሎ ንፋስ

tormenta

የበረዶ ዝናብ

granizo

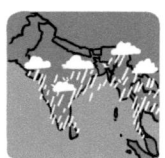

አዉሎ ንፋስ

monzón

ጎርፍ

inundación

በረዶ

hielo

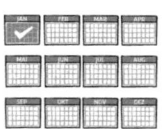

ጥር

enero

የካቲት

febrero

መጋቢት

marzo

ሚያዚያ

abril

ግንቦት

mayo

ሰኔ

junio

ሐምሌ

julio

ነሀሴ

agosto

ዓመት - año

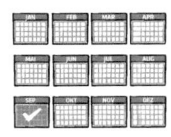

መስከረም

septiembre

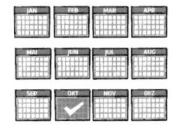

ጥቅምት

octubre

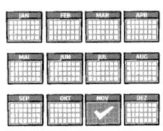

ህዳር

noviembre

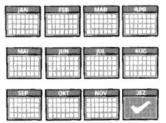

ታህሳስ

diciembre

ቅርፆች

formas

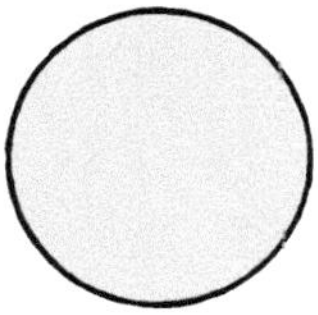

ክብ

círculo

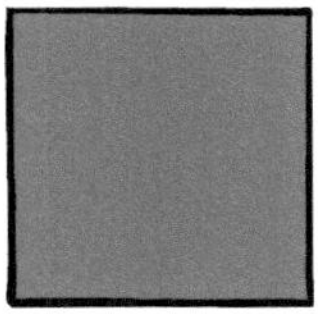

አራት ማዕዘን

cuadrado

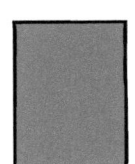

አራት ቀጥተኛ ማዕዘኖች ጎኖች ያሉት ቅርፅ

rectángulo

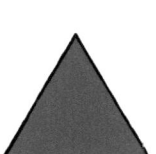

ሶስት ማዕዘን

triángulo

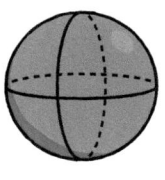

ሉል

esfera

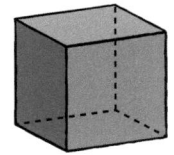

ስድስት ጎን ያለዉ ቅርፅ

cubo

ቀለማት

colores

ነጭ

blanco

ቢጫ

amarillo

ብርቱካናማ

naranja

ሮዝ

rosa

ቀይ

rojo

ወይን ጠጅ

violeta

ሰማያዊ

azul

አረንጓዴ

verde

ቡኒ

marrón

ግራጫ

gris

ጥቁር

negro

ተቃራኒዎች
opuestos

ብዙ/ ጥቂት

mucho / poco

ንዴት/ እርጋታ

enojado / tranquilo

ቆንጆ/ አስቀያሚ

lindo / feo

ጅማሬ/ ፍፃሜ

principio / fin

ትልቅ/ ትንሽ

grande / chico

ደማቅ/ ደብዛዛ

claro / oscuro

ወንድም/ እህት

hermano / hermana

ንፁህ/ ቆሻሻ

limpio / sucio

የተሟላ/ ያልተሟላ

completo / incompleto

ቀን/ ምሽት

día / noche

የሞተ/ ህያዉ

muerto / vivo

ሰፊ/ ጠባብ

ancho / angosto

የሚበላ/ የማይበላ

comestible / no comestible

ክፉ/ ደግ

malo / amable

ደስተኛ/ ድብርተኛ

entusiasmado / aburrido

ወፍራም/ ቀጭን

gordo / flaco

መጀመሪያ/ መጨረሻ

primero / último

ጓደኛ/ ጠላት

amigo / enemigo

ሙሉ/ ጎዶሎ

lleno / vacío

ጠንካራ/ ለስላሳ

duro / blando

ከባድ/ ቀላል

pesado / liviano

ረሃብ/ ጥማት

hambre / sed

ህመም/ ጤንነት

enfermo / sano

ህገወጥ/ ህጋዊ

ilegal / legal

ጎበዝ/ ደደብ

inteligente / estúpido

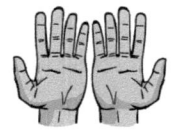

ግራ/ ቀኝ

izquierda / derecha

ቅርብ/ ሩቅ

cerca / lejos

አዲስ/ አሮጌ
....
nuevo / usado

ምንም/ የሆነ ነገር
....
nada / algo

ሽማግሌ/ ወጣት
....
viejo / joven

የበራ/ የጠፋ
....
encendido / apagado

ክፍት/ ዝግ
....
abierto / cerrado

ፀጥታ/ ጫጫታ
....
silencioso / ruidoso

ሃብታም/ ደሃ
....
rico / pobre

ትክክለኛ/ የተሳሳተ
....
correcto / incorrecto

ሻካራ/ ለስላሳ
....
áspero / suave

ሐዘን/ ደስታ
....
triste / contento

አጭር/ ረዥም
....
corto / largo

ዝግተኛ/ ፈጣን
....
lento / rápido

እርጥብ/ ደረቅ
....
mojado / seco

ሞቃት/ ቀዝቃዛ
....
caliente / frío

ጦርነት/ ሰላም
....
guerra / paz

ተቃራኒዎች - opuestos

ቁጥሮች
números

0

ዜሮ

cero

1

አንድ

uno

2

ሁለት

dos

3

ሶስት

tres

4

አራት

cuatro

5

አምስት

cinco

6

ስድስት

seis

7

ሰባት

siete

8

ስምንት

ocho

9

ዘጠኝ

nueve

10

አስር

diez

11

አስራ አንድ

once

12

አስራ ሁለት

doce

13

አስራ ሶስት

trece

14

አስራ አራት

catorce

15

አስራ አምስት

quince

16

አስራ ስድስት

dieciséis

17

አስራ ሰባት

diecisiete

18

አስራ ስምንት

dieciocho

19

አስራ ዘጠኝ

diecinueve

20

ሃያ

veinte

100

መቶ

cien

1.000

ሺህ

mil

1.000.000

ሚሊዮን

millón

ቋንቋዎች
idiomas

እንግሊዝኛ

inglés

የአሜሪካ እንግሊዝኛ

inglés americano

የቻይና ማንዳሪን

chino mandarín

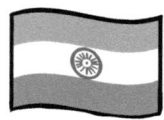

ሂንዱ

hindi

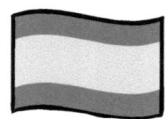

ስፓኒሽ

español

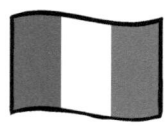

ፍሬንች

francés

አረብኛ

árabe

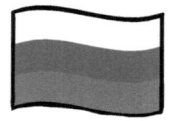

ራሺያኛ

ruso

ፖርቱጊዝ

portugués

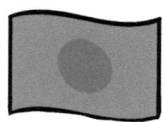

ቤንጋሊ

bengalí

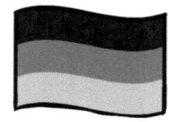

ጀርመን

alemán

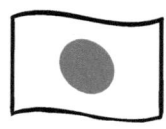

ጃፓንኛ

japonés

ማን/ ምን/ እንዴት
quién / qué / cómo

እኔ

yo

አንተ

vos

እሱ/ እርሷ/ እቃዉ

él / ella

እኛ

nosotros

አንተ

ustedes

እነርሱ

ellos

ማን?

¿quién?

ምን?

¿qué?

እንዴት?

¿cómo?

የት?

¿dónde?

መቼ?

¿cuándo?

ስም

nombre

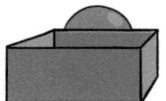

የት

dónde

በስተጀርባ

detrás

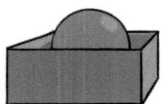

ዉስጥ

en

ከፊት ለፊት

adelante de

ከላይ

por encima de

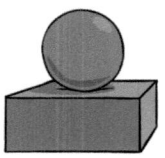

ላይ

sobre

ከስር

debajo de

አጠገብ

al lado de

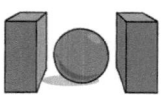

መሃከል

entre

ቦታ

lugar